꽃잠

꽃잠

꽃잠

문힘시선 026

도서출판 문화의힘

꽃잠

이비단모래

꽃잠

내가 좀 넉넉하다면
아픈 그대 쓸쓸한 그대 그리고
시집을 낸 그대에게
커피 밥 시집
아낌없이 사주고 싶은데
늘 부족해 애달프고
심장 같은 사랑 주고 싶은데
그 흔한 말로밖에 해줄 수 없어
미안하고
도대체 나의 쓸모는 무엇인지 몰라
이 염천에 나를 세상에 내놓으며
서 말 넉 되의 피를 쏟으신
어머니를 기억하며
죽음의 절망에서 우뚝 선 사람에게서
희망을 건져 낸 후
무안해지는 詩 밑천을 또 쏟아 낸다
그래도 이 말은 하고 싶다
詩는, 그대는
내 사랑이고 심장이다

2023년 여름
생일 날 비단모래

제1부_ 이별 없는 곳

제5부_ 바다 한 입

|발문|

제1부

이별 없는 곳

장미 오월

겹겹 금지된 문 열렸다
닫혔던 언어는
바람에 얹고 싶은 문장 아닐까

죽고 싶도록 만지고 싶은 속살
찔려도 할퀴어도 좋으니 그냥 한 번
으스러지게 안아볼까

다가갈 수 없는 안타까움
부활을 예고하고
풍등처럼 타오른 불꽃

천형 앓이로 거두는 숨
떨어진 꽃잎조차 아름다운
오월 끝자락

이별 없는 곳

낯선 행성에 도착했다
이별 없는 곳이라 했다

그리움 방류해도 넘치지 않는 경계
하늘 내려와 몸 포개면 하나의 우주
가없는 수평선

끝이 보이지 않으나
어딘가엔 조용한 그침 있고
시작 있고
세상 작은 물줄기부터 흘러 흘러와 모이는
그래서 이별 없는 곳이라 했다

하루 일과 마치고 몸 식히는 해
장엄한 붉음으로
이별 없는 내일로 들어가면

속엣것 다 쏟아내고 와서
끝없이 웃어도
끝없이 울어도 좋은

폭포 같은 사람

 - 수항리 연가

한결같다는 말이 통하는 사람 있다

오로지 수직으로만 꽃잎

내려놓을 줄 아는

가끔 허공에 무지개 띄워 놓고

수평으로도 굽은 길로도 흐를 줄 아는

삼백예순닷새

상처 덧나지 않게

생살처럼 솟아나는 사람이 있다

*부귀 황금 폭포에서

엄마 꽃물

엄마에게 갈 수 없는 딸
수없이 엄마를 부르며
봉숭아 꽃물을 손톱 위에 얹습니다

엄마 손가락 노을 지며
딸 손톱에 꽃물 들여 놓고
웃던 그날들
울컥 쏟아 놓은
노을빛 꽃물입니다

엄마물이 듭니다
엄마, 부르면 꽃물로 떠오르는
장독대 그득했던 엄마꽃
내 손톱에서 핍니다

이젠 딸이 노을입니다

어머니 나물

입에 좋은 것은 쓰다고
호미처럼 기역 자로 굽은 시어머니
보라색 줄기까지 캐내 된장에 무쳤다

어머니 등허리 같은 호미를 잡고
나도 머위를 캔다

혀가 기억하는 어머니 맛 흉내내
독한 항암제로 헐어버린 남편 입안에
연고처럼 발라주고 싶다
어머니 젖인듯 물려 주고 싶다

이제 꽃샘바람 막 지난 봄 열어
입안에 봄꽃처럼 들여 주고 싶다

찔레

그대 이름
불쑥 가시 되고
그대 얼굴 끝내 꽃이 되던
초록의 벌판

눈 돌리는 곳마다 찔레 피어
해사하게 그렁하게
웃고 있지만

가슴은 온통 가시에 찔리고 꽃에 취해
어지러운 꽃 멀미
가시 찔린 자리마다
선명히 자국으로 남은
그대라는 이름

사랑 사랑 사랑한다고
사랑 사랑 사랑한다고
순한 눈빛으로 울어라
목마르게 울어라

입춘설雪

봄소식이
백지로 왔구나
빈 의자를 서성이던 그리움
먼저 달려와 흰 마음 깔았구나

저 속에
황홀장엄恍惚莊嚴 꽃눈
울울창창鬱鬱蒼蒼 잎눈
지금부터 마음껏
마음껏 그리겠구나

봄

한 송이 한 송이
시로 핀다

복수초 생강꽃 산수유 진달래
개나리 벚꽃 제비꽃 매발톱

자고 나면 시를 열고
자고 나면 시가 피는

마침표 없는 시를 피우는
위대한 시인

박태기

눈물이 꽃이 되었네
봄 벌판 허기져
꼬부라진 물배 엄마
소쩍새 울면 더 서럽던
말라붙은 솥 밑구멍 같은
그 밤도 있었네

꽃도 밥 같은 저 봄
붉은 꽃 따서 밥 지으면
엄마 냄새 날까봐
숨죽여 피는

고깔제비꽃

나 때문에 아프지 않기를
비바람 맞지 않기를

늘 그 자리에 있으니
애닮지 않기를
꽃 같은 기쁨이 더 많기를
벅차오르는 희열이기를

모서리조차 부딪히지 말고
둥글게 기쁘기를

가족사진

살아오는 동안 많았던 슬픔
상처는 심장 아래로 묻어 놓고

애써 꽃 피워 아름다운 정원 만든다
스쳤던 폭풍우 눈보라
눈물 속에 가둬놓고
잠시 웃으며

한때 그래도
우리 행복했다고 눈 크게 뜨고
이 순간을 기억해

찰나
불빛 터지는 동안 만드는 천국
남아 있는 시간 점점 줄어들고 있으니

생生의 인사권자

그대의 생명을 혼자 쥐고
살려야 하는지
보내야 하는지
고독하게 결정하는 슬픔

사랑을 손에 쥐고
잡아야 하는지
보내야 하는지
손만 바라보는 고독한 사랑

아무도 결정할 수 없다고
생명도 사랑도
소진할 때까지 기다려야 한다고
통곡으로 대신하는
고독함까지 짊어진
병원 로비
바닥은 말이 없다

상처에도 꽃이 피는

부러진 가지 옹이 되어 단단해지듯
상처, 곪고 터지고
아물다가 꽃이 되네

죽음 가까이 갔다 온 사람들
넘어져 주저앉은 사람들
다시 일어서 보면
아득한 꽃자리
꽃이 피려고 그 상처 있었으리

그대 죽음 앞에서 흔들릴 때
아스팔트 갈라진 틈새 비집고
꽃 한 송이 피었나니

수술 자국조차 상처 아물면
매화 무늬 꽃으로 피네

암 병동 보호자

암 병동이라는 섬에 고립된 난파선
온몸에 선인장 가시가 박힌 것같이 화닥거려
사막이 된 입 안에는
모래바람이 휘몰아쳐
어떤 신을 불러야 하는지
기도를 잃어버려
심장이 방패가 되어
온 생애가 던지는 화살을 맞게 돼

당신, 지금
내비게이션 없이 우주를 떠도는 중이야

진단명

　어떤 바람무늬를 따라 이 낯선 곳까지 찾아와 봄을 풀었는
지 먼 곳의 그대 아는가 아직 지우지 못하고 목 줄기에 감긴
이름 하나가 느닷없이 찾아와 심장에 박히면 희디흰 슬픔까
지도 꽃이 된다는 것을
　병이 된다는 것을

로봇수술

뭐라고요 로봇이 수술을 한다고요 로봇이 뱃속을 휘젓는
다고요? 비용도 겁나네요 실비도 된다고요? 돈이 사람을 살
린다고요?
통장바닥에 달라붙은 숫자가 한꺼번에 일어선다

그 사람의 장기를
표정 없는 로봇이 떼어낸단 말이지
어쩌면 그게 더 나을지 몰라
인정사정 볼 것 없이, 로보트태권브이처럼
무찔러 줄지도 모르지
암이라는 무서운 병

꽃잠

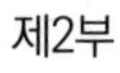

제2부

너를 훔치다

밥이라는 희망

도대체 그칠 것 같지 않게
눈물 칭얼대던 날
첫눈이 와요, 첫눈이에요
라디오에서 설렘 흘러나오면
가장 먼저 생각나는
그대에게 전화하리라
우리 밥 먹어요

밥처럼 든든한 말이 어디 있을까
허기든 바람도
마음 다 쏟아져 버리고 남은 쓸쓸함도
여기 저기 욱신거리는 몸도
따뜻한 한 그릇 밥이면 그득해질 충만

밥 좀 많이 먹어라

세상에서 다시 듣고 싶은
내 등뼈를 곧추세운 말로 남은
밥이라는 라온

바닥 시인

치매 아내 사랑으로 돌보며
시詩로 쓴 절망
바늘 자국 빼곡한
시집 받고 울었다

나는,
아픈 남편 돌보며
그를 위로할 시를 쓰지 못했다
시가 되지 못하는
아득한 절벽에 매달려야 했다
삭아져 가는 목숨 줄 잡고
내 생生을 버둥거렸다

아프다고 비명도 못 지르며
바닥만 한없이 기어가는
자벌레처럼

금낭화 필 무렵

밤이라는 말에서는
기다림이 묻어 있지
그래서 그렇게나 많은
등불 켜두고
기다림 졸여 만든
아침 걸어두었지
세상 무심해도
희망 꺼지지 않는
뿌리 심장까지 박혔을 테니까

당신을 따르겠습니다
수천 번 심지 돋우며
입술 다 터져도
어둠 걸으며 아침은 오고야 마는 거야

봄 주파수

그대 가슴을 켜요

사박사박 계절 걸어 나와
꽃씨로 심겨질 나를
바라보아요

어느 늑골 아래 닿아야
심장 가까이 가 봄이 필까요
막막하고 아득한 길
손잡고 걸어가면 멀지 않겠죠

이미 주파수 닿은 명자
뾰루지처럼 돋은 봉오리
바람과 몸 섞을 꿈
살 찢어 아린 꽃잎 펴네요

이제 꽃으로 허물어질 그대와 나
아슬아슬한 경계 흐트러지고
천지사방 그대 웃음으로
그득해지겠지요

견뎌 보니

불안한 풍선이었다
언제 터질지 모르는

어딘가 닿기만 하고
찔리기만 하면
터져 가득한 눈물 강 흐르는

산 넘으면 터널
터널 넘으면 산
이마 부딪히고 안개 천 길 나락 쏟아지는

뒤돌아보니 내 나이 수백 번 곱한 만큼
터널 지나며 알았다
터널에도 비상구 있다는 것을
무지개도 뜬다는 것을

목련의 아침

세상이 전한 소식에
잠시 숨을 고릅니다

곳에 따라 대설주의보 내린
삼월 어느 날

믿습니다
절망 넘으면
꼭 희망이 기다리고 있다는 걸

세상 곳곳에서
꽃은
젖으며 신음하며
피어나고 있으니까요

오랜 불임의 그녀
난산 끝에 뽀얀 폭설
해산하고 있으니까요

오가리 강 사연

수문 열린 물줄기처럼
그리움 쏟아지는 날
낮별 내려와 윤슬 출렁이는 대청호
너 보고 싶을 때마다 찾아간다

강 자국 선명히 남아 아직도 오가리 강 줄기를 걷던
종아리 검정고무신 흔적 박제처럼 남았는데
나룻배로 이별하던 그 시절

헤어지는 문장 창백하게 손 흔들던
너의 눈빛 강물 위 던져두고
떠났던 노산나루 솔밭
아직도 고래등처럼 푸른데

너는 어디서 나처럼
오가리 강 흔적 더듬으며
벚꽃비처럼 흩날리는지

맨발로 달려와
뜨겁게 안고 싶은 그 날 강가

지금도 서성이는지

오가리 강가에서 약속한
다시 만나자던 동그란 기억
아직도 물결로 흔들리는지

우리 어느 여울에서 만나
오래 묵힌 편지 읽을까
물길처럼 긴 사연 적힌

*오가리 강: 대청댐이 있는 오가리 물줄기. 초등학교 2학년 마치고 현도에서 배
 타고 대전으로 이사왔다.

나는 지금

환하다
민들레꽃 한 무더기

겨울 엎드렸던 시간 달려
미리 나와 기차에서 내리지도
않을 그 사람 기다리며
빨간 입술 내민 명자랑
살구꽃도 분 짙게 바르기 시작했다

내 나이만큼 간이역 지나며
혹독한 겨울 있었으리
무릎 꺾여 일어나지 못한 그 간이역도 있었으리
앞이 보이지 않는 어둠
장막 친 간이역들 있었으리

죽음같이 몰아치던 폭풍우에
쓰러진 간이역도 있었으리

기차 슬픔 지우며 달리듯
좌절도 지나가는 것

죽지 않고 살면 그뿐
선로 옆 손 흔드는 은사시나무처럼
손 흔들어 보내고

속도 맞춰 꽃피고
봄 열리는 선로 따라
달리는 중

봄 모정

봄 비 詩처럼 쏟아내고
홀쭉해진 마음
뽀얀 젖 열어
텅 빈 하늘을 먹이고 있네

배불려 놓고 함빡 웃는 저 모정

꽃 진 자리

어느 목숨 바꿔
나뭇잎 짙어지고 있을까

유장하게 흐르는
강물 소리
쓰지 못한 시 한 줄
핼쑥한 낮달로 하늘에 뒤척이고

가슴 무너지는 일은
사랑하는 사람 이름 지우는 일
나이 든다는 건
이별과 마주하는 일 많아지는 것

아픔 삭이는 일도
결국 세월이 하는 일
꽃 진 자리 채워오는
열매라는 몽실한 이름도 있다는

너를 훔치다

몰래 훔쳐본 시간 있었다
어둠속에서 나를 보듯
마음을 끄고 너를 본다

홧홧한 삶을 저울에 올려놓고
떼어내고 올려놓고
눈금을 맞추고 있다

어디 산다는 게
저울로 무게를 달 수 있는 것인지
어느 땐 너무 기울고
어느 땐 너무 모자라고
그럴 때마다
몰래 너를 훔친다

배롱나무 꽃 졸고 있는 가을 초입
말벌처럼 쏘고 달아 난 폭염
바람 시소 타고
가을과 교미 중이다

사랑 빠진 맛

　마음이 허한 날 냉장고를 뒤져 자투리로 남은 양파 감자 목
살을 다져넣고 카레를 끓인다 부스러진 사랑 조각 시들해진
양파를 다듬는다

　한때 베어 물면 사각이던 사랑 갈변하지 않을 맹세를 귀에
들이부으며 뭉근하게 끓여대던 그 밤들 혀끝에 감아둔 맛이
란 맛은 다 빼내 육수로 우려 사랑을 말아 눈 흐리게 하던 원
초적 단어

　왜 있잖아요
다들 냉장고에 그쯤은 넣어두고 살지 않나요

　허접한 재료 가득한 냉장고에 쓸데없는 문장만 쌓아두고
가끔은 녹지 않는 느낌표라든가 박제해 놓았던 밤을 오려 얼
려 놓은 것이 든 냉동실에서는 아무것도 사랑을 끓일 수 없어
가장 쉬운 카레를 끓인다

　좀 부족한,
사랑 빠진 맛이면 되니

새봄이 온다

그대 누구신가
묵직한 겨울 등걸 해사하게 뚫고
꽃이라는 이름으로 찾아오신 이

바람 길 앞장서는 두려운 밤
별빛으로
쏟아져 사랑이라고 쓰시는 이

겨울 밀쳐낸 음지
무너진 가슴 한 쪽
가만히 들치고
새 촉으로 편지를 들고
부지런히 달려오신 이

사랑한다 말하고 싶어
사랑한다 말하고 싶어
두터운 겨울
밀쳐내며 애써 찾아온 당신

그리움의 거리

한 뼘 거리였다가
너무도 멀어 손잡을 수 없다가
바람 가득한 폐허였다가
별 하나 떠 있는 밤이었다가
바람 부는 거리였다가
흐린 유리창 밖
슬픈 詩였다가

입추

잘 견디며 걸어왔구나
붉게 달구어진 여름 한낮
철판 같은 길

발 디딜 수 없이 뜨거웠지만
바람 속에 식을 날 있었기에
너 미리 가
조용히 가을 길 열어 놓았기에

사랑한다는 말 잘 익어
달디단 과육으로
스며들 날 있었기에

색색으로 익어 갈
가을 엽서
오늘 도착했기에

너는 꽃이다

지금은 맨발 벗고 섰어도
너는 꽃이다
더뎌도 늦어도 이 터널 지나면
언젠가 꽃 필 거라는 약속
속눈썹에 이슬처럼 매달고 있기에
가장 아름다운 순간이 다가오기에
너는 꽃이다, 내게
가장 예쁜 꽃이다

꽃잠

제3부

꽃잠

오래된 나무

    - 프리랜서 그 여자

맨 몸으로 견뎠구나
예수의 옆구리처럼 휘고 틀어지는 통증
툭툭 튀어나온, 터질 듯 슬픔 넘친 힘줄 마디마디
저 손가락 어쩌랴
봉합할 수도 없이 갈라 터진 손등은 또 어쩌랴
속엣 것 다 내줘 긁어낼 것 없는
빈속은 어쩌랴

속눈썹 깊은 곳에 사랑을 묻고
별이 되고 싶었구나
떨어진 눈물
꽃이 되고 싶었구나

가장 낮은 땅에서부터
길고 긴 시간 혼자 오른 하늘
바람소리 온몸 휘감고
꽃이 되어 버렸구나
별이 되어 버렸구나

거미줄

저 견고한 간극 어머니 길쌈하던 그 밤 고된 시집살이 씨줄
로 술 취해 비틀거리는 남자 날줄로 참아야 되는 인생 틀에
걸고 북 감고 바디 걸어 삶 무늬 짜듯 저 거미 신비롭게 줄 하
나 빠지지 않고 간격마저 놓치지 않아 허공에 짓는 운명 직녀
였는지 거미는 걸려라 사랑 움직일 수 없게 감아 바람 속에 놓
아 두겠네 다시는 놓치지 않겠네 자꾸 비껴가던 내 사랑 걸리
기만 해라 곁에 두고 오래오래 눈부시겠네

마스크의 변

너는 입을 가렸을 때
예뻤다
목 줄기에 가득 찼던
자갈 같던 말들
파도가 몽돌을 만들 때까지
가렸어야 했다

가만히 빗장을 걸었어야 했다
낡아져 주파수 맞지 않는 라디오처럼
튀어나온 말들은
해독 불가

그냥 넘실대는
물길 속에 거품으로 삭아지게 해야 했다
입을 가려야 예뻤던 시절 풀어놓으니
잡음만 난무하다

당신 괜찮은가요

화려한 꽃방 열리는 순간
이미 받아들일 준비가 되었다는 것

삶은
가장 화려한 한때
괜찮은지 물어보는 것

화려함 스러져
툭 꽃잎 떨어져도
괜찮은지
뒤돌아 눈 맞추는 것

짧고 격렬한 순간을 위해
온몸 찢어 꽃이 되는

모든 생이
당신과 만나는 곳이
목적지기에

호박처럼 1

생의 한가운데
달팽이처럼 느리게 느리게
꽃에 이른다
푸른 촉수 뻗어
닿는 곳마다 실핏줄이
살아나고
너를 향해
가장 실한 우주 한 덩이
꿈으로 안겨
마디마디 꽃 피우더니
세상에서 가장 큰 웃음
띄워 놓고
세상 어둔 곳
등불 같은 약이 되던
시간 따라 몸 불리는 사랑 하나

저 물큰한 사랑
너처럼 땡볕 견뎌내는

호박처럼 2

그대 그런 적 있는가
부르튼 발
아직 걸어야 할 길
주저앉고 싶었던 적

슬픔 눈에 띄게 하고 싶지 않아
심장 아래 가둬 놓고
아닌 척하고 싶었던 적

희망이 너무 멀어
우산처럼 접으려 할 때
커다란 잎 아래
주먹만 한 호박 하나
울컥 두 주먹 불끈 쥐게 했던 적

그렇게 몰래
희망은 꿈처럼 뒹굴고 있는

호박처럼 3

침묵이 지나간 계절
그 자리를 채우며
점점 떠오르는 보름달

사랑이야

호박처럼 4

처음
망망한 바다로 나갈 때
두려움이 앞섰지만
저기 불빛 따라
안테나 수신음 따라
멈추지 않았더니

만선
만선

인생이라는 조각배를 가득 채운
삶의 조각들

호박처럼 5

어디 만만하기만 했으랴
기어갈 수밖에 없던 길
바람 불고
폭우 달려들 때
위태롭기만 하던 시간

끝끝내
곁에 섰는 가지 하나
놓지 않고 휘감아 올라
꼭 감은 손

끝내 일어서
풍선 불어 달았으니
노란 불 하나 둘 켜 들고
그대 지친 몸
기다리고 있으니

해바라기

부르고 싶어도 부르지 못하는 이름
떠오는 시간부터 지는 시간까지
입안에만 맴도는 이름
차마 고개 들어 바라보지 못하고
하루 종일 고개 숙인 이름

누군가 그 이름 부르면
화들짝 놀라 얼굴 노래지는 이름
심장 아래 묻어놓고
혼자만 들여다보는 이름

부르다 지우고 썼다가 지워
찬바람 불어오면
촘촘히 까맣게 익어 슬픈 이름

나 혼자만 부르고 싶은
그늘 같은 이름
조각난 이름에 찔러
명치 뻐근히 아픈,

거울 속으로 들어가고 싶다

헤어지는 뒷모습처럼 아픈 일 있을까
저녁 내려앉은 구불한 골목
아직 불 켜지 않은 별
제 살 깎아내며 핼쑥하게 닳아버린 달

마주보지 못한 시간
초침 따라 걷는 깊은 눈 속에 박힌
눈부처 그대 아니었을까

어디 가서 찾아야 할까
잃어버린 반쪽
거울 속을 기웃거려도
방향 잃은 나침반 흔들리는
닮은 얼굴 바라보다
낡아져버린 한 쪽 들추면
낯설게 낯설지 않은
웃음 하나 동그랗다

어떤 헛

하루를 맞는다는 게
하루를 보낸다는 게
참 버거운 요즘

생의 끈은 참 질기기도
허망하게 약하기도 해
맹세하기 어려운 물거품

다만 이렇게 아침이 다시 오고
하루를 애타게 기도하는 시간
힘 내고
밥 먹고
잘 견디라고

헛헛한
바람무늬만 놓는데
그래도 네가 있어 견딘다

틈

저 정물
아픔으로 눈뜨고
슬픔 먹고 자라는 사이

어린 눈으로
내다보고
기다리던 시간

아프게 한 사람
용서하라던
작은 틈 사이
푸른 사랑

칸칸
올곧은 줄기 올리는
마음 하나

생의 여름 건너고 있다

반달

어둔 밤까지 기다리기엔
많이 그립나요
그리움 지쳐
반쪽된 얼굴
창백하게 내려다보네요

내 마음
그대에게 지금 그래요

노랑 어리연꽃

내 심장
당신 바다에 띄워 놓고
흘러듭니다

당신의 바다는 눈 감고도
당신 마음을 찾아갈 수 있는
편한 항구가 있습니다

해당화 꽃잠 속은 아닐지라도
비릿한 살내음
당신이 맡으면 그만입니다

그날 밤 잊지 못할 휘파람 소리
열두 줄 현絃을 쓰다듬는
비단 실로 만든 활 같은 손끝

눈 뜰 수 없습니다
당신의 바다에서
당신을 느끼므로
그냥 물의 요정이 됩니다

하얀 민들레

고요조차 빛바랜
빈집의 한낮

봄 발자국 소리에 놀라
꽃잠 깨는
홀씨

그대 앞에 가리라
바람 따라 나서네

꽃잠

제4부

손톱달 약속

병꽃나무를 들이다

뒤꼍 흰 병꽃나무 무성한데
왜 나는 남의 붉은 병꽃을 탐했을까

- 그 꽃 예쁘대

막걸리 한 잔 주며 건넸을 뿐인데
신새벽 뿌리째 뽑아왔네

굳이 달란 건 아니고, 그냥
갖고는 싶었던 남의 것
그것도 남자의 홀로 된 눈동자에 담았을 꽃을

- 꽃 피면 같이 보자고

꽃이야 거기 있으나 여기 있으나 똑같은데
왜 내 울안에 놓고 싶었을까
사랑을 내 마음에 가두고 싶었을까

머언 눈으로 봐도
그 자리 있을 너를

행복

네가 내 심장 속에서 사라지지 않으므로
내가 네 심장 속에서 지워졌다 해도

네가 심어준 나무 한 그루
내 기억 속에서 무성무성 자라고 있으므로
네 기억 속 내가 한때 스친 바람이라 해도

내가 오로지
너만 바라보며 별을 세고 있으므로
그 별 떨어져 다른 풀섶에 앉더라도

내가 영원이라 생각하는
계절은 다시 올 테고
네가 한때라고 생각하는
계절은 떠날 것이므로

명징하게 빛나는
꽃이 되는 이름 있으므로

꽃처럼

천 날을 꿈 꿔
오직 그대만을 위해
달려온 꽃
어찌 예쁘지 않으랴
그대가 바라보지 않을 뿐

눈 맞추니
애달파라

그대여
한번 돌아다보라
거기
꽃처럼 내가 서 있으니

동백

　－ 4·3 70주년에

차마 쓸어버릴 수 없어
툭 떨어진 꽃
당신인 양
옷깃에 달았습니다

그냥 버려둘 수 없어
곱게 말려
다관에 우리고 우려
당신의 향기인 양
마시고 마십니다

바구니에 곱게 담아
바람결에 담아 둡니다
그 영혼이라도
다시 만나고 싶어

붉은 동백꽃만
툭툭
살고 죽고 살고 죽고

튀밥기계

자, 귀 막아요
펑이요
펑펑 터져요

펑 소리 나자
거리에
튀밥 흩어지듯
벚꽃 흐드러진다

지금
곳곳
튀밥기계
터지고 있다

벼랑 끝에 섰을 때

손잡아 끌어올려
꽃을
별을
안겨 주신 분들 덕분에
오늘 살아냈습니다

내일은
푸른빛이 돌지도 모르죠
마음속에 오래 품고 있었던 사랑 꽃씨
톡 터질지도 모르죠

이제
바람, 꽃, 구름
하나도 빼지 않고
하늘의 별 세며
살아낼게요

하늘이 부르실 그날까지

나무 세월

얼마큼 계절을 견딘 것이냐
얼마큼 그리움 감겨
떠나지 못한 것이냐

몇 번의 잎 피우고
떨구어 내고
몇 번의 폭풍우
눈보라 견딘 것이냐

간혹 꽃은 피웠느냐
그늘 안에 들어온 사랑
가지 꺾이게 안아 보았느냐

묵묵히 통증 스며들어
갈라 터진
심장아

사랑 심다

봄에 필
히야신스 구근을
엄동설한
그 동글한 뿌리로 살아내라고
쿡쿡
서걱이는 땅에 꽂는다

한겨울 얼음장 같은 땅
살아 내 꽃 피라고

좌절할 너 아니기에
다독다독
손끝의 온기로 전한 기다림

봄으로
달려와 안길
그리움 각질

숫돌

다시 날 벼리고
던져야 할 도시로 나간다

자존심 버리며
자존감은 버리지 말자
다짐했던 빙판
늘 미끄러지기 일쑤였다

구겨진 자존심 귀퉁이
내 이름으로 피던
꽃 한 송이
자존감 감싸안았다

슬프게
꽃 피지만
불행하지 않았던
뒤꼍

햇살 한 줌 걸친 거미줄
거미를 살게 하는 힘이 되듯

눈 한 번 맞춰 준
손 한 번 스친

가을 바람소리 같은
목소리 심장에 꽂힌

그날 이후
날마다
마음 날 갈아

쓰러진 바람 베어
움푹 패인 세월 벽에 발라둔다

전보처럼
별이 뜬다

초를 다투다

하루
24시간
1440분
86400초

누구는 시간을 갖고
누구는 분을 품었는데
나는 초와 다투고 있다

저 많은 초가
소진되는 그 때도
나는 맥빠진
사랑 마시고
진부한 기다림을 쓴다

1초도 날 생각하지 않는 사람에게
내 심장까지 저당잡히고
허름한 전당포 같은
구멍에 남은 초를
허비한다

비대면 가면을 쓰고
막 석양 질 무렵
아름답게 마무리할 줄 아는
시간의 찰나

하루치
生과 死
교차하는 비단노을 꼭짓점에 서서야
사랑한다고
말하지 못한
1초라도
기억되기 바라며

일기장 마침표처럼
기다리고 또 기다리는

청산에 와서

그대를 놓고 오는 길은
내내 공사 중이었다

지워버린
그대에게 가는 길은
파헤쳐진 입안처럼 군데군데 헐어 있고
아직 뿌리지 못한
첫눈 곧 산도를 빠져나올 아기처럼 무겁게 쳐진 하늘
그렁하게 바라보고 있었다

그대를 떼어 내려 온 청산
오히려 고장 난 내비처럼
허기진 그리움 따라와
얼큰한 생선국수에
비릿한 눈물이 끓었다

얼마나 더
세월 약 발라야
그 이름 보여도 안 아플까

내 눈에서 빼 내면
온통 암흑이 될 이름
여기저기 꽃처럼 피어도

이제
그대에게 가는 길
생선국수에 빠진 한 마리 피라미처럼
흔적이 없다

겨울비

첫눈이 오면
스스로
그대 마음속으로
녹아들어
마침표
찍으려 했는데

사·랑·합·니·다

마지막
문장을 써놓고
멋진 꽃 싸인
총총

꽃잎 하나
툭
비에 젖네

그대에게 가는 발 젖어
천근이 되네

첫·눈처럼
가벼이 날아가고
싶었는데

콩나물국밥

첫눈 내려 마음 먼저 언 장날
괜히 부푼 마음 끌고
장터로 나섰다

늙은 장터할매
컵라면으로
이 다 빠진 움푹한 입을 데우고 있고
옹기종기 장작불 앞
상인들만 목 기웃하다

아점이나 먹자
시장에서 시장기를 느껴
들어간 콩나물국밥집

- 코로나 때매 힘들지 계란 두 개 넣어 춘디 많이 먹어 밥 즉
으믄 더 달라 허고

갑자기 턱 목을 치받는
엄마 같은 위로
펄펄 끓는 국밥에 새우젓을 탄다

- 엄마두 힘든데 뭐하러 계란을 두 개나

괜한 핀잔을 엄마마냥 뱉는다
계란 노른자 톡 터지며
꽃처럼 핀다

눈 내린 꽃 우물

한때 이 곳은 생명의 자궁이었지
펑펑 사랑이 생성되던 곳

은근한 뒷물
내리는 별 잉태되면
아가는 숨풍 태어났고
푸성귀 더 푸르게 살아나던 곳

줄지 않는 물길 지금도 그대로인데
사랑을 퍼내는 사람 없어
빈 풍경소리만 빠지는 곳

흰 눈 살짝 내려와
선녀처럼 하강한 날
사랑 하나 건져질까

그 날처럼 싱싱하고
뜨거운
핏덩이

손톱달 약속

부서졌다
너와 나
영원을 약속했던
새끼손가락 손톱

아직 남아 있는 봉숭아 꽃물
하늘로 스며들어
붉은 눈물로 이별식 하더니

갈라진 심장 꿰매려
휘어진 바늘 하나
하늘에 걸어 두고
올려다보라 한다

울음을 멈출 건지
그 이름을 잊을 건지

산판을 하며

나무가 옷을 벗자
비로소 그 속내가 보였다
그동안 걸쳤던 허울
겨울이 돼서야
비로소 도덕적 잣대가 칫수로 보였다

사랑한다고 남발한 헛 약속
바람 속에 날려버린 연시
모른 척 헛기침하던
굴참나무 니끼다소나무

그들이 속을 까보이며
결백을 주장할 때
밑둥까지 잘라버리기로 했다
전기톱 그 무시한 칼날을 대
난도질로 잘라내 버리기로 했다

윙윙윙
겨울바람보다 더 무시무시한 톱날이 건너가자
붉은 피조차 흘리지 못하고

하얗게 굳은 비명
쓰러져 갔다

저 쪽 글썽한 눈길로 바라보고 있다
늘 속아 넘어가는
도토리 나무 한 그루와
안쓰러워 가만히 그늘 내려 준
등 굽어 갈라진 소나무 한 그루

베지 마시오
빨간 줄 두르고

꽃잠

제5부

바다 한 입

산 밑의 저녁

종일 산판에서 날을 갈던
칼바람이 저녁을 일찍 데리고 왔다
전기톱날 소리도 일찍 걸음을 멈추고
그림자조차 꽁꽁 언 날
어둠만 슬슬
침묵처럼 밀려왔다

하루 종일 울리지 않은 스마트폰
뒤척이며 도시의 소식을 검색하다
안드로메다만큼 낯선 이야기들
나는 이방인이 되었다

가만히 스마트 계좌를 본다
한 일도 없는데 숨 쉬고 있다는 이유로
빠져나간 하루치 생존권

바람의 말

너를 꽃 피우기 위해 달려간다
너는 불타는 나무
길 없는 길
기다림이 길어야
태어나는 그리움의 무지개는
너를 건너가는
외나무다리

바람의 말을 듣고
서 있다
여기서

그대가 보냈죠

봄?

명이 당귀 방풍 참나물 봄동
첫 잎 봄 편지
연초록한 글씨를 삼키고 말았어요

화안히
몸 안에
꽃 피는

나의 애인

꽃은 소리 내지 않고 핀다

포갰던 잎 펼치는 일
어쩌면
관절 펼치는 것 같은 일 아닐까

몸 속 간직했던 봄
내보내는
산도産道 열리는 일 아닐까

한 마디 비명 없이
꽃 열리고 있다

세상 상처마다
아프다 소리 지른 나
무색하게 귀퉁이 밝히며 웃고 있는데

잔향 오히려
고요한 슬픔 핀다

까망

불이 꺼져야
영화가 시작되듯

어둠 내려야
별이 켜지듯

아무것도 보이지 않는 까망 속에
비로소 보이는
마음속 사람

알지만

알아 지금 욱신거리는 통증은 알약을 삼켜 다스릴 수 있는
게 아니라는 걸 근육 통증이 아니라 마음 통증이라는 걸
　얼음조각 같던 차디찬 언어가 비처럼 쏟아지던 한낮 나뭇잎
으로 막을 수 없어 그냥 맞아 버린 후 내 정수리에선 고드름
이 열렸지
　뚝뚝 베어 먹다 만 겨울 낮달 창백하게 누울 때 언뜻 스치던
노래 한 줄 파랗게 엎드린 천년초 가시를 접고 얼어붙은 입술
겨우 열어 한때 사랑했던 사람 이름 부르면 그대로 부서져 먼
지가 돼버리지

그래서 아픈 거야
알약으로 대체할 수 없는

지금 절실한 건
겨울 밀어낼 복수초 연서뿐
그 노랗고 여린 작은 별

누가 쓸 거야
그 여릿한 슬픈 봄을

변절하는

갑상샘과 맹장을 떼어낸
부품 빠진 몸은
하루에도 몇 번씩 마음이 변한다

바다에 가고 싶다가
네가 보고 싶다가
울고 싶다가
그러다 웃고 마는
조율할 수 없는 부서진 악기를 품고 산다

문득 햇살 눈부셔
바다가 보고 싶다고 말해 놓고
빨간 신호등에 걸린 채
여기서 대천바다는 얼마나 될까 꿈꾸다
비릿한 오정동 수산시장을 지난다

꽃게 한 마리 사야겠다
바다를 헤엄친 역사 끓여 내
집게발로 걸어놔야겠다

맘 변하기 전
바다로 가야겠다

너를 향한 안테나

수신음은 불통이다
주파수 맞지 않는
심장은
볼륨을 올릴 수 없다

네게 닿으려 다이얼을 아무리 돌려도
헛돌고
눈빛은 유성처럼 쏟아져
낙엽이 된다

더듬이를 기억했다
주파수 맞지 않는다면
더듬어 닿으리라고

민감한 촉수 끝
오직 너를 향한 더듬이 달았으니

가을 간다고 바람 따라가지 마라
사랑아

어디든 따라갈 테니
벌써 거친 너의 입술에 닿았으니
가랑잎 같은 숨소리
날 부르는 수신음 뜨면

생의 마침길에서도
네 이름 클로징으로 부르리라

무인 민원발급기 앞에서

내가 얼굴 내밀고 비단모래라는 걸 증명해도
믿지 않는 세상에서
나를 증명하는
종이 하나를 뗀다

코로나 3차접종 확인서처럼
들이밀 내 이름

사람은 못 믿어 하는데
기계는 지문을 대니
나란 것을 알아본다

그대도
꽃바람 스치면
나란 것을 알면 얼마나 좋을까

멀리서도 그대 만지고 있는데
통 무소식이다

노을처럼 그대에게 가리

하루가 아팠고
하루가 힘들었어도
그대 있기에

내게 단 하나의 이름
단 한 편의 사랑
단 한 줄 시가 되는
그대 있기에
하루를 접고
그대에게 가서

가서
고요히 깃 내리고
그대 가슴 내 둥지에
노을처럼 닿으리

노을처럼 닿아
남은 그 한 마디
노래 부르리

상사화

죄라면
그대 하나만
목마르게 바라보다 죽은 것

죄라면
그대 하나만 생각하다
죽어
이 염천에
꽃으로
핀 것

사탕수수밭 물소

눈 가려야 잘 걷는다는 물소
사탕수수 한 줄기 물고
끊임없이 돈다

사탕수수 즙이 걸쭉해지고
식어 고체가 되고
갱엿이 되고 말려
섬유질 비타민 무기질 많은 설탕이 되기까지
물소 발걸음은 고향으로 돌았다

인도네시아 사탕수수밭
인생의 가치를 달달하게 녹이는
부부와 살아가는 물소

물에 살지 않고
눈 가리고 설탕을 만들고 있다

눈물에서도
설탕 익어
뚝뚝 달게 떨어지는

바다 한 입

염천바다에 경전을 쓴다

내 새끼 입에
바다 한 수저 넣기 위해
들기름 한 방울
소금 한 꼬집
불 한 부삽
연기 섞인 눈물
거기에 추억 혀에 감기게

모두 잠든 새벽
김 재운다
왜 김을 재운다 했을까
불쑥불쑥 파도 밴 가슴
들기름 토닥토닥 발라
모태적 소금을 뿌려두니
순해져서
재운다 했을까

하얀 쌀밥 포옥 싸서
볼록하게 볼 내밀며 먹을
내 새끼들 위해
가로 세로 아름다운 손길

이 경전에 쓰인 글
배부른 지혜로
사랑으로 피기를

내 엄마처럼
내 새끼 위해 염천바다에
경전을 쓴다

꽃물

너도 이렇게
내 손에 가둬두고 싶었다

새벽 안개 같은 연서 띄워
설레게 하더니
별 달 바람 해
풀 꽃 사람까지
더 아름답게 포장해
바라보게 하더니

핏물 든 시간만 고스란히 남겨두고
심장 긋고 간 사람

준비 안 된 이별
서리 내리고
까막까막 기다림
홀로 시드는 해바라기

벨 눌러도
너는 열리지 않고

봉숭아 뚝뚝
더운 눈물 흘리는 여름

너를
새긴다

어딜 가도 너는
내 손 안에 있다

아무것도 아닌

  - 김상배 시인

삶이 아무것도 아닌
사람이 아무것도 아닌
사랑도 아무것도 아닌

도돌이표 붙은
시지프스 언덕뿐

생각이 물 젖은 머리카락처럼 넘어져 있는 아침
다시 김상배 시인의 아무것도 아닌을
아무것도 아닌이 아니게 펼쳤다

한번 쓰윽
아무것도 아닌 생각으로 스쳤던 문장들을
다시 눈 맞추며
툭툭 거친 땅에 콩씨 뿌리듯
던져둔
파란 시간을 읽다

울컥 뭉클
나는 시를 모른다며

아무것도 아닌
미안함을 내비친 시인에게
참
내 詩는 아무것도 아니네
고백한다

자신만 아는 시집 세 권을 내고도
또 시집 낼 궁리를 한다는 시인에게

나밖에 모르는 열 몇 권의 책을 낸 아무것도 아닌 나는
툭
시인 아내의
허물어질 것 없는 견고한 등에 손 얹는다

칠월이 가네

그대
마음 마디
툭 꺾어

내 심장에 꽂으면
다시 꽃이 필까
사랑이 올까

수국
불두화 마디 내
상토에 꽂아 두고
눈길로 적시네

작은 마디 하나도
살아내 꽃피우는데
그 마음 하나
분질지 못해

꽃 지네
칠월이 가네

꽃잠

슬픔의 밥으로 피워낸 꽃, 詩

나호열(시인, 문화평론가)

슬픔의 밥으로 피워낸 꽃, 詩

나호열(시인·문화평론가)

들어가면서

지금으로부터 삼년 전 그러니까 2020년 가을이 끝나갈 무렵 시집 『비단모래』가 이 세상에 태어났다. 그 시집을 통독하고 난 후 '사랑이라는 신전을 향한 기도의 시'로 그 시집의 얼개를 조감했고, 그 끝에 시인 이비단모래를 일러 '망망한 사랑이라는 사막을 건너가는 낙타'로 내 멋대로 명명했다. 그런 까닭에서인지 시집 『꽃잠』을 읽는 내내 시집 『비단모래』의 여러 풍경이 남긴 잔영이 겹쳐지면서 또 다른 세계로 나아가는 길을 따라가는 특별한 즐거움을 누릴 수 있었다. 과연 또 다른 세계란 무엇일까?

시를 포함한 모든 예술은 독창성과 일관성이라는, 서로 길항拮抗하는 요소를 얼마만큼 융합시키느냐에 따라 그 성취가 가늠되는 것이라고 본다. 다시 말해서 그 누구도 가지 않은 전인미답의 창조력을 지향하는 한 극極과 그럼에도 불구하고 그 창조력을 받쳐주는 뼈대- 일관된 세계관이나 자아의식- 가 서로 상충하지 않고 어떻게 조화를 이룰 수 있겠느냐 하는 것이다. 그래서 이비단모래 시인의 첫 시집 『아이야, 우리 별 따러 가자』부터 『꽃잠』에 이르기까지 시인이 형성해 온 세계에 대한

의식이 어떻게 변모해 왔는가를 살펴보는 것이 우선이 될 것이고, 그 양상에 따라 그만이 찾아낸 이 세계의 비의를 따라가는 것이 온당한 일이 될 것이다.

조심스러운 의견이지만 이비단모래가 염원하는 세계는 참으로 따뜻하고 순리順理대로 살아가는 생명체일 것이라고 추측해 본다. 그러나 그 염원만큼 세상은 밝지도, 아름답지 않으며 예기치 않은 슬픔이 수시로 찾아오는 난국인 것도 사실이다. 그러나 시인이 꿈꾸는 세계를 강박하는 힘들이 거세어질수록 오히려 꿈꾸는 세계가 현현하는 것에 대한 열망은 이비단모래 시인의 생애에 '꽃'과 '그대'와 '사랑'이라는 세 개의 화두를 붙잡게 하는 일관성으로 자리 잡게 되었다고 본다. 시집『꽃잠』은 이 화두에 천착하면서 이전과는 다른 시법詩法을 보여주고 있음에 주목하게 된다.

꽃이라는 화두

엄밀히 말하면 꽃은 식물의 생식기이다. 꽃 한 몸에 암술과 수술이 있는가하면 암술과 수술이 따로 있어 바람이나, 벌이나 나비와 같은 곤충의 힘을 빌려 번식을 하거나 동백처럼 동박새와 같은 조류鳥類에 의탁하기도 한다. 아무튼 우리에게 꽃은 '여성성', '아름다움'의 표상으로 완상의 대상으로 받아들여지기도 하고 기쁜 일과 슬픈 일에 바치는 정감의 징표- 화환 등-로 쓰이기도 한다.

그런데 이비단모래 시인은 이번 시집뿐만 아니라 다른 여러 시집에서 꽃을 객관적 상관물客觀的相關物로 활용하면서 시의 밀도를 높이는 도구로 사용하고 있음을 알 수 있다. 시인 자신이, 시인이 차용한 화자話者가 마주하는 대상으로, 더 나아가서 꽃 스스로가 의지를 지닌 인격체로 범인凡人들의 삶을 꾸짖는 성인의 포즈를 보여주기도 한다. 이런 여러 갈래의 꽃에 대한 시인의 인식은 꽃이 지니고 있는 생명력에 주목하는 데서 찾을 수 있다.

한 송이 한 송이
시로 핀다

복수초 생강꽃 산수유 진달래
개나리 벚꽃 제비꽃 매발톱

자고 나면 시를 열고
자고 나면 시가 피는

마침표 없는 시를 피우는
위대한 시인

– 「봄」 전문

이 시는 봄에 피는 여러 꽃들이 줄지어 피어나는 모습을 통해 위대한 자연의 섭리를 깨닫고 있음을 토로한다. 서로서로 다투지 않고 봄뿐만 아니라 계절 따라 피는 모든 꽃들을 위대한 시인이라 감탄하고 있는 것이다. 여기서 잠깐, 슬그머니 이 비단모래 시인이 정의하는 시의 면모가 엿보이기도 한다.

　꽃이 그러하듯이 시는 오직 생명의 잉태를 꿈꾸는 상징, 그 생명 잉태 그 이상의 욕구를 지니지 않은 순수의 결정체라고 인식할 때 시인의 시작詩作은 염결을 향한 구도의 행위가 되는 것은 아닐까. 그러하기에 시는 '바람에 얹고 싶은 문장'(「장미 오월」)이 되어 '세상 곳곳에서/ 꽃은/ 젖으며 신음하며/ 피어나'(「목련의 아침」)는 인내의 외침이 되는 것이다. 이와 같이 시인이 마주치는 모든 현상이나 대상은 꽃으로 다가온다. 어쩔 수 없는 절망도 꽃이고 그 절망을 이기기 위해 안간힘 쓰는 희망도 꽃이다. 다섯 편의 「호박처럼」 연작시를 읽고 이제는 그러하니 꽃을 영탄의 울타리에 가두지 말자!

　흔히 일상에서 호박은 '못생김', ' 바로 서지 못하는 의지 없음', '끈질김' 등의 의미로 받아들여진다. '호박꽃'은 또 어떠한가. 시인은 이런 눈길 가지 않는 호박의 생태에 관심을 두면서 '달팽이처럼 느리게 느리게 꽃에 이'(「호박처럼 1」)르고, '슬픔 눈에 띄게 하고 싶지 않아/ 심장 아래 가둬 놓고/ 아닌 척하고 싶'(「호박처럼 2」)은 자신의 모습으로 되비추면서 '노랑'이 환기하는 희망을, 끝내 이렇게 자신을 상승의 존재로 띄어 올린다.

　침묵이 지나간 계절
　그 자리를 채우며
　점점 떠오르는 보름달

사랑이야

- 「호박처럼」 3 전문

그대라는 희망

위에서 간략히 살펴보았듯이 '꽃'은 이비단모래 시인에게 있
어서 지난한 삶을 좀 더 고양시키는 촉매제로 가늠된다. 우리
모두의 삶은 기쁨보다는 슬픔이, 즐거움보다는 괴로움의 총량
이 크다.

불안한 풍선이었다
언제 터질지 모르는

어딘가 닿기만 하고
찔리기만 하면
터져 가득한 눈물 강 흐르는

산 넘으면 터널
터널 넘으면 산
이마 부딪히고 안개 천길 나락 쏟아지는

뒤돌아보니 내 나이 수백 번 곱한 만큼
터널 지나며 알았다
터널에도 비상구 있다는 것을

120

무지개도 뜬다는 것을

- 「견뎌 보니」 전문

　시인은 견뎌 보았다고 말한다. 어차피 삶은 견딤의 진행형인데 시인은 과거완료형으로 단언한다. 이 시집의 몇 편은 시인이 겪었던 고통의 일단을 드러내고 있으므로 과거의 어떤 상황을 유추해 볼 수도 있다. 「생의 인사권자」 「어떤 헛」 「진단명」 「로봇수술」 등등의 시는 가족의 병환과 그로부터 빚어지는 고통과 불안을 직설적 어법으로 풀어낸 시들이다. 그 아픈 사람은 폭포처럼 한결같고, 가끔 허공에 무지개 띄어 놓을 줄도 알고, 모든 하루를 생살처럼 솟아나는 사람이다(「폭포 같은 사람」 참조). 그러한 사람이 생사의 갈림길에 섰을 때의 외로움을 어떻게 설명할 수 있을까? 그 사람에게 노을이 되겠다는 노래는 소리 죽인 울음보다 얼마나 깊은 곡조인가!

　하루가 아팠고
　하루가 힘들었어도
　그대 있기에

　내게 단 하나의 이름
　단 한 편의 사랑
　단 한 줄 시가 되는
　그대 있기에
　하루를 접고
　그대에게 가서

가서
고요히 깃 내리고
그대 가슴 내 둥지에
노을처럼 닿으리

노을처럼 닿아
남은 그 한 마디
노래 부르리

- 「노을처럼 그대에게 가리」 전문

그러나 '그대'는 단지 한 사람에 국한 되는 것이 아니라 이 시집에서는 보다 확장된 존재로 구현되고 있음을 유의해야 한다.(이 글에서 다루지 않은 시집 『특히, 그대』(2022)를 읽어 주시기 바란다.) 시편 곳곳에 등장하는 '그대'는 '이제 꽃으로 허물어질 그대와 나/ 아슬아슬한 경계 흐드러지고/ 천지사방 그대 웃음으로/ 그득'(「봄 주파수」)할 시간이기도 하고, '그대여/ 한번 돌아다보라/ 거기/ 꽃처럼 내가 서 있'(「꽃처럼」)어야 할 이루어지지 않은 꿈이기도 하며 '아무것도 보이지 않는 까망 속에/ 비로소 보이는/ 마음속 사람'(「까망」)처럼 이미 세상을 떠나 별이 된 사람들을 통칭하는 것이기도 하다. 이름을 버리고, 세상 살면서 자의반타의반으로 붙여진 명칭을 버리고 오직, '그대'라고 부를 때, 아니 '특히, 그대'라고 부를 때 옛 시인이 노래한 '내가 그의 이름을 불러 주었을 때/ 그는 나에게로 와서 /꽃

이 되었다'보다 더 강열하게 전인적 존재로서의 아가페적인 사
랑이 불현듯 다가오는 것이다.

　　죄라면
　　그대 하나만
　　목마르게 바라보다 죽은 것

　　죄라면
　　그대 하나만 생각하다
　　죽어
　　이 염천에
　　꽃으로
　　핀 것

- 「상사화」 전문

사랑, 그거

　대전 버스 정류장에 「사랑, 그거」 시가 걸려 있다는 소식을
들었다. 시집 『비단모래』에 실린 시인데 다시 한 번 읽어 보기
로 한다.

　　참 부질없기도 하지만

　　캄캄한 길도 걷게 하고
　　시큰거리는
　　무릎도 일으켜 세우는 명약

마음 그득히
해 뜨고
해 지고
바람 부는 일
그대에게 향하는 길 되는

참 부질없기도 하지만
없으면 안 되는
그대와 내 심장
사랑, 그거

- 「사랑, 그거」 전문

우리가 살고 있는 시대는 '사람은 못 믿어 하는데/ 기계는 지문을 대니/ 나라는 것을 알아보'(「무인 민원발급기 앞에서」)는, 사람과 사람 사이에 소통이 끊어진 채 불신이 팽배한 세태와 저 남쪽 먼 나라 사탕수수밭 물소처럼 맹목적 부귀에 눈이 멀어 스스로를 부당한 노동에 매몰되게 만드는(「사탕수수밭 물소」 참조) 아수라 속에 허우적거리며, 마스크로 입을 가린 침묵의 시간을 지나가게 하고 있다.

시에 나타난 대로 이 시대의 사랑은 이기적 관점에서 공허하게 나누는 부질없는 헛소리일지라도 이 세상의 모든 존재를 꽃으로 보고, 평등하지 않고 권위의 냄새가 물씬 풍기는 온

갖 이름 대신 '그대'라고 부를 수 있는 용기를 가질 때 '사랑합
니다!' 이 말은 가식적인 응대의 차원을 넘어서서 먼저 마음의
문을 여는 참다운 인사가 될 것이다.

　이렇게 시집 『꽃잠』은 개인사個人史를 바탕으로 하면서 함께
사는 우리 모두에게 서로서로에게 꽃이 되자고, 서로의 그대
가 되자고 그리하여 사랑이 슬픔의 밥이 피워내는 꽃이 되어
야 한다고 가만히 행복해야만 하는 우리 곁에 다가온다.

　네가 내 심장 속에서 사라지지 않으므로
　내가 네 심장 속에서 지워졌다 해도

　네가 심어준 나무 한 그루
　내 기억 속에서 무성무성 자라고 있으므로
　네 기억 속 내가 한때 스친 바람이라 해도

　내가 오로지
　너만 바라보며 별을 세고 있으므로
　그 별 떨어져 다른 풀섶에 앉더라도

　내가 영원이라 생각하는
　계절은 다시 올 테고
　네가 한때라고 생각하는
　계절은 떠날 것이므로

　명징하게 빛나는

꽃이 되는 이름 있으므로

－「행복」 전문

나가면서

　시집 『꽃잠』은 우리에게 익숙한 서정시의 아름다움을 전해주면서 이전의 시집과는 다른 변모를 보여주고 있다. 첫 번째로 그 어느 시집보다 시각적 이미지를 능숙하게 활용하면서 시중유화詩中有畵의 여운을 '꽃'을 중심으로 하는 다양한 이미지로 포착해 내고 있다는 점이다. 두 번째로는 작금의 우리 현대시가 지향하고 있는 난해함을 벗어나면서, 산문화하고 있는 시가 아닌, 운율을 살린 짧은 시로 낭송하기 쉽고, 생활에서 음미하기 적당한 시 형태를 추구하고 있다는 점이다. 이 글의 서두에서 한 시인의 시업을 평가함에 있어 독창성과 일관성이 서로를 배척하지 않고 조화를 이루기가 쉽지 않다는 점을 상기해 볼 때, 시집 『꽃잠』이 우리 시단의 새로운 시류詩類를 보여주는 전범典範이 될 것이라는 기쁜 마음을 전하고 싶다. 무엇보다도 쉬지 않고 시를 쓰고 있는 이비단모래 시인께 격려와 축하의 말씀을 드린다.

꽃잠

문힘시선 026

꽃잠

발행일 2023년 8월 16일

지은이 이비단모래
펴낸이 이순옥

펴낸곳 도서출판 문화의힘
         등록 364-0000117
         주소 대전광역시 동구 대전천북로 30-2(1층)
         전화 042-633-6537
         전송 0505-489-6537

ISBN 979-11-87429-98-2
2023 ⓒ이비단모래
저자와 협의로 인지는 생략합니다.

* 저자와 출판사의 서면 허락 없이 무단 도용하거나 발췌하는 것을
  금합니다.
* 잘못된 책은 구입하신 곳에서 교환해 드립니다.
* 본 도서는 전북문화관광재단의 후원으로 발간되었습니다.

JACT 전북문화관광재단

값 11,000원